ICH MAG MYTHOLOGIE

Die Götter der alten Griechen

Text: Anastasia D. Makri
Illustration: Ioulios Maroulakis

Aus dem Griechischen von
Sabine Manske und Danae Nadja Loisou-Manske

UNTER DER SCHIRMHERRSCHAFT VON

ΟΜΙΛΟΣ ΓΙΑ ΤΗΝ UNESCO ΝΟΜΟΥ ΠΕΙΡΑΙΩΣ & ΝΗΣΩΝ
CLUB FOR UNESCO OF THE DEPARTMENT OF PIRAEUS & ISLANDS
Πέτρου Ράλλη 210 & Θησέως 1 Νίκαια,
Τηλ.: 210 4967757, Fax: 210 4944564 - www.unescopireas.gr   e-mail: unescop@otenet.gr

AGYRA
publications

Η παρούσα έκδοση, Μάιος 2014

Das Leben der Götter auf dem Olymp

Die alten Griechen glaubten, dass die Götter in einem glänzenden Palast auf dem hohen Berg Olymp wohnten, von wo aus sie die Menschen beobachten konnten. Auch stellten sie sie sich größer und schöner als die Menschen vor.

Sie glaubten, dass die Götter stark und unsterblich waren, Wunder vollbringen konnten und ein angenehmes Leben

führten, während sie die göttliche Speise Ambrosia aßen und Nektar, den Wein der Götter, tranken.

Aber wie die Menschen, so hatten auch die Götter ihre guten Seiten und ihre Schwächen. Sie liebten, hassten und verliebten sich mit Leidenschaft! Sie halfen den Menschen, aber wenn sie sich über sie ärgerten, bestraften sie sie hart.

Die Anzahl der Götter auf dem Olymp betrug zwölf. Es gab aber auch nicht ganz so bedeutende Götter, die als Halbgötter bezeichnet wurden.

Zeus

Der König der Götter, aber auch der Menschen, war Zeus. Er entschied über ihr Schicksal und beherrschte die Blitze, weshalb er auch Blitzeschleuderer genannt wurde. Er hieß auch Wolkensammler, weil er die Wolken bewegte und Gewitter brachte. Die Menschen stellten sich vor, dass er auf einem Thron aus Gold und Elfenbein saß, in einer Hand den Blitz und in der anderen das Zepter. Neben ihm standen zwei Krüge. In dem einen befand sich das Gute und in dem anderen das Böse. Entsprechend den Taten der Menschen verteilte er beides. Alle aber, Götter wie Menschen, fürchteten ihn. Zeus war auch der Gott der Gastfreundschaft.

Hera

Hera war die Frau des Zeus. Wunderschön und majestätisch saß sie auf dem Thron neben Zeus, gekrönt von Sonnenstrahlen. In ihrer Hand hielt sie einen Granatapfel und zu ihren Füßen hatte sie zwei Pfauen, die sich mit ihr in Stolz und Schönheit maßen.

Hera genoss von allen Göttinnen den meisten Respekt und die Menschen bauten ihr zu Ehren Altare und Tempel. Besonders in ihrer Lieblingsstadt Argos wurde sie verehrt. Wenn aber Zeus, ihr Mann, auf Abwege geriet und sich mit anderen Frauen zusammentat, wurde sie so wütend, dass sie alles tat, um sich an ihm zu rächen.

Athene

Athene, die Lieblingstochter des Zeus, wurde auf eine sehr seltsame Weise geboren. Zeus gebar sie aus seinem Kopf. Und das war so: Zeus tat sich mit der schönen Metis zusammen und sie wurde von ihm schwanger. Damit jedoch Hera nichts davon merkte, aber auch, damit er die schöne Metis nicht verlieren würde, verschlang er sie. Als aber die Zeit kam, wo das Kind, das Metis in ihm trug, geboren werden sollte, litt Zeus durch die Geburtswehen unter unerträglichen Schmerzen. Eilig rief er seinen Bruder Hephaistos zu sich und bat ihn, ihm den Schädel mit einer Axt zu spalten. So geschah es auch und sofort sprang mit ihrem Helm und Speer gerüstet die Göttin der Weisheit, Athene, hervor.

Athene war die Schutzgöttin der Stadt Athen, der sie auch ihren Namen gab. Den Athenern schenkte sie den Olivenbaum, der das Symbol des Friedens ist, und jene bauten den Parthenon und feierten Feste, die Panathenäen genannt wurden, um sie zu ehren.

Poseidon

Poseidon war der Gott des Meeres und nach seinem Bruder Zeus der Zweitmächtigste. Er wohnte weniger auf dem Olymp und mehr in den Tiefen des Meeres. Mit seinem Dreizack in der Hand und einem Schwarm Delphine in seinem Gefolge, erfreute er sich daran, in den Meeren umherzustreichen. Wenn er wütend wurde, schlug er mit seinem Dreizack auf das Wasser und große Wellen erhoben sich. Poseidon wurde auch Erderschütterer genannt, weil die Erde zitterte und bebte, wenn er das Meer mit seinem schrecklichen Dreizack aufwühlte. Seine Frau war Amphitrite, die Tochter des Ozeanos. Poseidon schenkte den Menschen das Pferd und ihm zu Ehren organisierten sie Feste namens Poseidonäen, bei denen Pferderennen ausgetragen wurden.

Demeter

Demeter war die Göttin der Erde, des Weizens und der Fruchtbarkeit. Sie blieb nicht lange auf dem Olymp, denn als ihre Tochter, die schöne Persephone, von Pluton, dem Gott der Unterwelt, der sich in sie verliebt hatte, entführt wurde, lief Demeter mit einer Fackel in der Hand durch ganz Griechenland, um sie zu suchen. Schließlich kam sie im Palast des Königs Keleos in Eleusis an. Dort wurde sie mit großer Freude empfangen und, um sich für die Gastfreundschaft erkenntlich zu zeigen, lehrte sie die Eleusiner Weizen und anderes Getreide anzubauen und wilde Tiere zu zähmen. Die Eleusiner hielten ihr zu Ehren Feste namens Thesmophorien und die eleusinischen Mysterien ab.

Enttäuscht darüber, dass sie ihre Tochter nicht fand, drohte Demeter Zeus, dass sie die Erde austrocknen würde, so dass die Menschen verhungern würden. Daraufhin sprach Zeus sofort mit Pluton und sie vereinbarten, dass Persephone sechs Monate in der Unterwelt und sechs Monate bei ihrer Mutter leben sollte.

Apollon

Apollon war der Gott der Sonne, der Sehergabe und der Musik. Er war der wunderschöne Sohn des Zeus und der bildhübschen Sterblichen Leto. Außerdem war er der Zwillingsbruder der Göttin Artemis.

Als Hera von Leto erfuhr, verfolgte sie sie und Leto floh auf die Insel Delos, wo sie ihre zwei Kinder gebar. So wurde Delos zur heiligen Insel der alten Griechen. Darüber hinaus wurde Apollon auch in Delphi verehrt, wo das berühmte Orakel lag. Dort verkündete die Priesterin Pythia den Menschen Prophezeiungen, das heißt, den Willen der Götter.

Hermes

Hermes war der Sohn des Zeus und der Maia, der Tochter des Atlas. Er wurde in einer Höhle an einem Hang des Berges Kyllini geboren. Schon als Kind zeigte er große Klugheit. Er war der Bote des Olymps und der Gott des Profits und des Handels. Man nannte ihn den Flügelfüßigen, weil seine Sandalen und sein Hut mit Federn geschmückt waren, damit er schnell fliegen konnte.

Als er noch klein war, baute er aus dem Panzer einer Schildkröte eine Lyra, ein Musikinstrument. Später ging er nach Pieria, wo er die Rinder des Apollon stahl, die er nach Pylos brachte. Um die zwei Geschwister wieder zu versöh-

nen, griff Zeus ein. Alles nahm ein gutes Ende: Hermes schenkte Apollo die Lyra und dieser ließ ihn die Rinder behalten.

Artemis

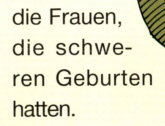

Artemis, die Göttin der Jagd, war mit einem Bogen, Pfeilen und Köcher bewaffnet, mischte sich aber nicht in Kriege ein. Sie war eine friedliebende Göttin. Sie liebte Tiere und verbrachte zusammen mit den Nymphen die meiste Zeit in der Wildnis. Das Reh und der Bär waren ihre Symbole und sie beschützte die Frauen, die schweren Geburten hatten.

Schon als sie noch klein war, erklärte sie ihrem Vater Zeus, dass sie nicht heiraten werde, weil sie sich frei in den Bergen und Schluchten bewegen wolle.

Ares

Ares war der Gott des Krieges. Der Sohn des Zeus und der Hera war immer bereit für den Krieg. Die Menschen fürchteten ihn und deshalb ehrten sie ihn nie mit Opfergaben. Aber auch sein Vater Zeus mochte ihn nicht besonders, weil er immer wieder in Streitigkeiten geriet. Schwester des Ares war Eris, von der er sich immer begleiten ließ, damit sie Zwietracht säe. Ares kämpfte auf der Seite der Trojaner gegen die Griechen. Seine Frau war die wunderschöne Aphrodite, die ihn an Stelle des verunstalteten Hephaistos, mit dem sie gegen ihren Willen verheiratet worden war, zu ihrem Mann wählte. Aus ihrem Bund ging ihre Tochter Harmonie hervor.

Aphrodite

Aphrodite war die schönste aller Göttinnen. Sie wurde aus den schäumenden Wellen in der Nähe der Insel Zypern geboren, deshalb nennt man sie auch Zypriotin.

Sie war die Göttin der Schönheit und Beschützerin der Verliebten und der Waisenmädchen.

Ihr erster Mann war der hässliche Hephaistos, aber später heiratete sie Ares, mit dem sie den wunderschönen Sohn Eros bekam. Die Menschen liebten sie sehr und bauten ihr schöne Tempel.

Hephaistos

Hephaistos war der Gott des Feuers und der Schmiede. Der Sohn des Zeus und der Hera war, als er geboren wurde, ein so hässliches Baby, dass Zeus ihm einen Tritt gab und ihn auf die Insel Limnos schleuderte. Als er auf dem Boden aufprallte, brach er sich das Bein und seitdem hinkte er. Auf Limnos richtete er seine Werkstatt ein und stellte Eisenwaren und die Waffen der Götter her. Er schmiedete auch die Waffen des Achilles.

Hestia

Die alten Griechen respektierten und schätzten die Göttin Hestia sehr. Sie stellten daher ihre Statue neben den Kamin. Sie war die bescheidenste der unverheirateten Göttinnen und Beschützerin des Hauses und der Familie. Auf dem Olymp, wo sie lebte, kümmerte sich um die Paläste der anderen Götter. Wenn die Menschen Opfergaben darbrachten, opferten sie zuerst der Hestia und dann den anderen Göttern.

Pluton und Dionysos

Wir haben die zwölf großen Götter des Olymps kennengelernt. Außer ihnen gab es auch den Gott der Unterwelt, Pluton oder Hades, sowie den Gott Dionysos, Sohn des Zeus und der Prinzessin Semele. Der heitere Dionysos, der einen Kranz aus Efeu und Zweigen des Weinstocks auf dem Kopf trug, war der Gott der Trauben und des Weins. Er liebte es, unter den Menschen zu leben und mit seinen Freundinnen, den Nymphen, zu feiern.

RÄTSEL · SPIELE

Rätsel und Spiele – Illustration: Akis Melachris

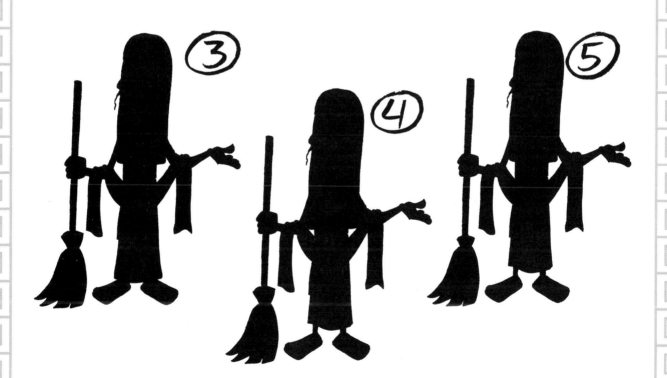

Kannst du herausfinden, welcher Schatten der Göttin Hestia gehört?

Zwei der sechs Details entsprechen nicht dem oberen Bild. Kannst du herausfinden, welche das sind?

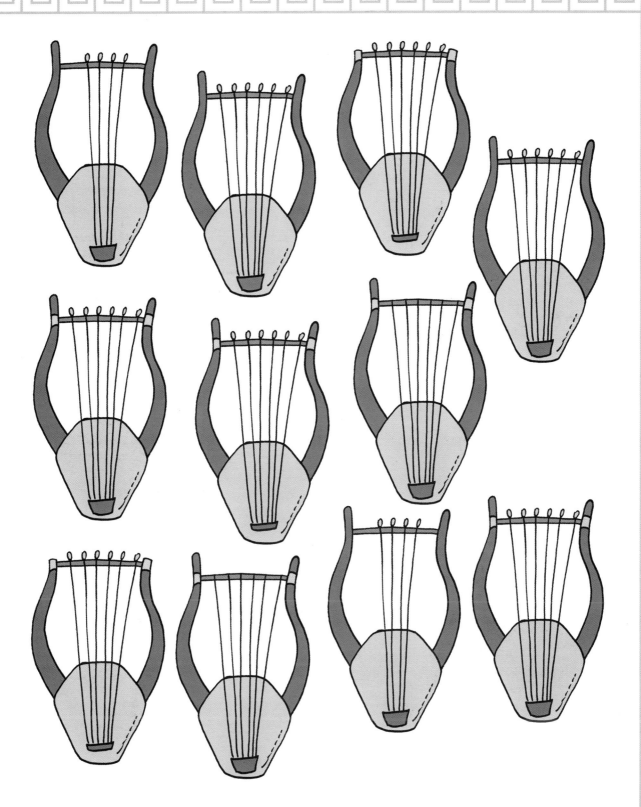

Jeweils zwei der abgebildeten Lyren sind gleich.
Eine bleibt übrig. Kannst du sie entdecken?

Verbinde die Punkte von 1 bis 44, um zu sehen, was hier abgebildet ist!

Bring die Buchstaben in die richtige Reihenfolge, um herauszufinden, welche Frau Pluton liebt!

Hier sind waagerecht und senkrecht die Namen der zwölf Götter des Olymps versteckt. Kannst du sie finden?

Kannst du herausfinden, welcher Schatten der Göttin Athene gehört?

Mal die Flächen mit den Punkten schwarz aus, um zu sehen, was hier abgebildet ist!

Welchem Weg muss der Gott Dionysos
folgen, um zu seinem Wein zu gelangen?

Welche Zahlen entsprechen der Göttin Artemis und ihrem Reh, sodass die Rechnung aufgeht?

Verbinde die Punkte von 1 bis 49,
um zu sehen, was hier abgebildet ist!

27

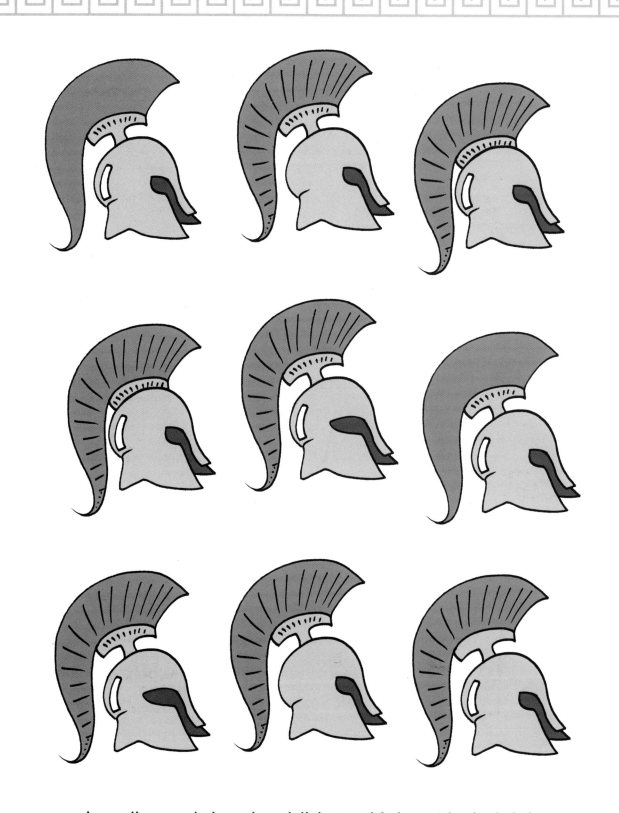

Jeweils zwei der abgebildeten Helme sind gleich.
Einer bleibt übrig. Kannst du ihn entdecken?

Auf dem Bild gibt es vier Fehler.
Kannst du sie entdecken?

Kannst du die acht Unterscheide zwischen dem oberen Bild und seinem Schatten finden?

Auf den Abbildungen 2 und 3 gibt es je 3 Unterschiede gegenüber dem ersten Bild. Kannst du sie finden?

LÖSUNGEN

S. 17 der Schatten 2

S. 18 die Details 1 und 6

S. 19

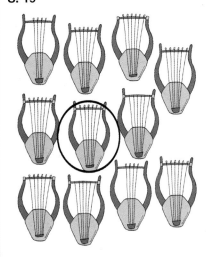

S. 21 Pluton liebt PERSEPHONE.

S. 22

S. 23 der Schatten 3

S. 24

S. 25 dem Weg C

S. 26 Artemis = 4, das Reh = 5

S. 28

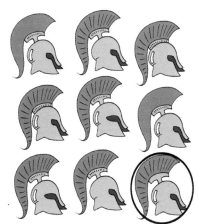

S. 29

S. 30

S. 31

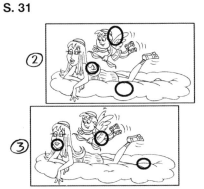